SUR LA PAIRIE.

22 août 1831.

La question de la Pairie doit être envisagée sous deux points de vue également importans pour l'appréciation de son utilité.

Il faut d'abord reconnaître en elle une institution antique et nationale, pour ainsi dire *jumelle* de la monarchie même, puisque leur origine mutuelle se confond dans la nuit des temps. Il faut encore examiner ses rapports et sa liaison intime avec cette monarchie, les services signalés qu'elle lui a rendus en même temps qu'au pays, et le rôle essentiel et élevé qu'elle a joué dans l'ancien droit public français.

Reste ensuite à l'apprécier comme pouvoir politique et constitutionnel, d'après nos institutions actuelles, ainsi que dans ses rapports avec le nouveau droit public que ces institutions ont établi.

C'est pourquoi je diviserai ce discours en deux sections. La première traitera de la Pairie, sous le rapport historique, et suivant sa connexion avec l'ancienne constitution du royaume. La seconde, de la Pairie d'après la Charte, et selon l'esprit du gouvernement des trois pouvoirs.

SECTION PREMIÈRE.

Commençons par dire préalablement, qu'à l'institution de la Pairie la dynastie actuelle est redevable de la couronne.

Hugues Capet, en effet, monta sur le trône comme Pair du royaume, et élu, à ce titre, par les autres Pairs ses collègues. Une des considérations qui déterminèrent le choix qu'ils firent de lui, fut la qualité de ses ancêtres, et l'apport qu'il fit au domaine de la couronne de provinces importantes qui en avaient été distraites : ces provinces étaient les duchés de France et de Bourgogne, les comtés d'Anjou, d'Orléans et de Touraine.

C'est le cas de remarquer incidemment qu'à la Pairie encore est due la restauration de l'état, qui n'a fait que se fortifier et s'accroître, sous Hugues Capet et ses descendans, par le concours et la fidélité des Pairs.

La Pairie fut le lien heureux qui, unissant les grands feudataires au roi comme à leur chef, et celui-ci à eux comme aux principaux membres de l'état, fit la force de l'état lui-même, et prêta à la couronne un éclat qu'elle n'avait pas eu encore, par la réunion en un corps compact qu'elle amena des provinces divisées et distribuées jusque-là en Pairies.

La constitution de notre beau royaume, on le voit, est son ouvrage.

Ainsi, les rois de France de la dynastie actuelle lui durent tout. Il est juste de dire qu'ils s'en sont montrés toujours reconnaissans par l'empressement qu'ils ont apporté à déclarer, à chaque érection de Pairie qu'ils ont faite, que l'autorité qu'elle donnait leur était utile, et en même temps profitable à l'état. En outre, ne pouvant appeler tous leurs enfans à la couronne, ils les faisaient Pairs, entendant, de la sorte, leur conférer la dignité la plus élevée et la plus tutélaire après la puissance royale.

Le Béarnais, lorsqu'il n'était que roi de Navarre, signait Henri, *Pair de France*, et premier prince du sang.

L'établissement des communes, la création de l'ordre du tiers-état, appartiennent en propre à la Pairie. Jusque-là le peuple, tant paysans que bourgeois (attendu leur qualité de serfs), ne formaient point de corps dans la monarchie. Il n'y avait que deux classes, l'ordre ecclésiastique et celui de la noblesse, formées de tous les hommes libres; et par ces hommes libres, on entendait les Pairs. Ce furent ces Pairs, tant ecclésiastiques que laïques, qui affranchirent, pour différentes causes, les paysans et les bourgeois, et leur firent octroi de certains priviléges sous le titre de *droits de communes*. Ces priviléges furent, entre autres, d'élire des échevins et des jurés qui devinrent leurs juges, et prirent, dans quelques provinces, en Picardie, notamment, le titre de *Pairs bourgeois*. Les chartres royales qui établissent la création et les droits des communes ne sont que la reconnaissance et la consécration pure et simple de l'octroi des seigneurs, c'est-à-dire des hommes libres ou des Pairs.

La confirmation, par nos rois, des priviléges concédés par les Pairs aux communes servit beaucoup à fortifier l'autorité du monarque, par la raison qu'elle le rendit bientôt juge immédiat entre les seigneurs et les sujets, ces derniers se pourvoyant insensiblement, dans leurs démêlés avec les premiers, par *appel de leurs Pairs*, c'est-à-dire des prévôts et baillis de leurs seigneurs, par-devant le roi, consécrateur de leurs priviléges.

L'introduction de cet usage émanant de la Pairie, il est donc exact de dire qu'on doit à celle-ci l'abolition de la tyrannie ainsi que la limitation des droits des seigneurs, qui précédemment avaient été autant de souverains. Cet usage contribua encore, et infiniment, au repos et à l'affermissement de la monarchie.

De ce jour chacun eut son Pair en France; de ce moment les métiers eux-mêmes eurent leurs jurés et leur juridiction, en outre de celle des prévôts des marchands et de l'échevinage.

Cette sage disposition de la loi salique, qui établit la successibilité à la couronne par ordre de primogéniture et de mâle en mâle, à laquelle nous devons de n'avoir jamais subi le joug d'un étranger, c'est encore la Pairie qui l'a établie et consacrée par divers jugemens et par ses armes. C'est grâce à cette loi, reconnue comme fondamentale, et, conséquemment, c'est grâce à la Pairie, que s'est établie la qualité des princes du sang.

Dans l'administration de la justice, les Pairs étaient les assesseurs nés du roi, et étaient, comme tels, qualifiés *latera regis*. Nos rois les traitaient de cousins. Ils étaient les gardiens naturels des lois du royaume, et, dans de certaines occurrences, les intercesseurs bienveillans entre la justice ou la colère du souverain et ses peuples. Notre histoire en offre un exemple éclatant dans ce jour terrible où Charles VI, se contentant du châtiment des chefs de la sédition, pardonna aux habitans de Paris, sur l'intercession des trois Pairs, ducs de Bourgogne, de Berri et de Bourbon, qui parvinrent à le fléchir.

Nos rois professaient une telle considération pour la Pairie, que dans l'arrêt rendu par elle dans la contestation du comté de Champagne, sous le règne de Philippe-Auguste, celui-ci qualifia de *jugement des Pairs* cet arrêt même, bien qu'il eût été rendu en sa présence. Le même monarque, sollicité par les envoyés de Jean-sans-Terre de lui accorder un sauf-conduit pour comparaître en la cour des Pairs, et pour son retour en Angleterre, après qu'il aurait comparu, répondit qu'il ne le refuserait pas si le roi Jean pouvait l'obtenir des Pairs eux-mêmes. *Si judicium parium suorum permittat;* consacrant ainsi les droits imprescriptibles de la Pairie, qu'il n'estimait pas que la royauté pût limiter. Or, ces Pairs du monarque anglais n'étaient point des têtes couronnées, mais des barons.

Jusqu'au jour du sacre, la royauté résidait virtuellement dans la Pairie, que celle-ci était censée représenter toujours. Au commencement, on voit que ce sont les Pairs qui revêtent le roi des habits royaux, lui placent la couronne sur le front, et lui mettent le sceptre à la main.

Avant que la France fut convertie au christianisme, les premiers et les plus anciens juges ont été les Pairs, qui constituaient entre eux le seul corps qui alors existât dans l'état. C'est concurremment avec le roi qu'ils jugeaient, d'où ils furent appelés *Parlement*.

Après que les domaines qui constituaient les anciennes Pairies furent incorporés à la couronne, et quand nos rois en érigèrent de nouvelles, ils déclarèrent toujours, et expressément, que cette érection avait lieu dans la vue de suppléer au défaut des Pairies éteintes, et afin de continuer et de maintenir une institution *si utile au bien de l'état.*

Le roi était le chef de la Pairie. Dans celle-ci, la seigneurie n'était qu'un accident, vu que la Pairie était purement personnelle. C'était donc pour l'honneur du fief, c'est-à-dire de la terre, qu'on demandait que ceux qui étaient érigés en Pairies fussent d'un revenu suffisant, et par-là dignes du titre. Quant au Pair, il suffisait, à son égard, d'une enquête de vie et de mœurs.

Dans les assemblées nationales qui ont précédé, en France, la tenue des états-généraux, et qui sont désignées par le nom de *Champ de Mars* et *de Mai*, ce sont encore les Pairs qui débattaient et réglaient, avec le souverain ou le maire du Palais, tout ce qui intéressait le bien public.

Voilà donc, en peu de mots, ce qu'était la Pairie réelle, et que j'appellerai Pairie politique. Quant à cette Pairie bâtarde, qui était le produit et l'expression de la faveur particulière du monarque, et qui, par cette raison, était, dans les premiers temps de la monarchie, appelée *les Pairs du Roi* ou de ses domaines privés et de sa cour, c'est une institution subalterne que je ne mentionne ici que pour mémoire, attendu qu'elle n'avait rien de national et d'utile.

Singulier rapprochement! Nous venons de voir que c'est par la Pairie que le chef de la maison régnante a été appelé au trône; que la constitution du tiers-état ou des communes est l'œuvre de la libéralité de cette même Pairie, et ce sont les communes, représentées par la Chambre des Députés actuelle, qui, conjointement à des ministres d'un petit-fils de Hugues Capet, menacent son existence, et vont peut-être consommer sa destruction!

C'est là de la reconnaissance.

DEUXIÈME SECTION.

Envisageons maintenant la Pairie sous le rapport de son actualité, comme question politique; de son appropriation à l'époque présente, comme institution, et de son indispensabilité, comme rouage complémentaire dans la forme de gouvernement à laquelle nous avons jugé bon de nous arrêter.... jusqu'à nouvel ordre.

Procédant à rebrousse poil, j'aborde le dernier de ces trois points, parce qu'il me laisse peu à dire, vu qu'il a été traité à fond, et presque épuisé, par des plumes meilleures que la mienne. Comme, à cet égard, je ne pourrais guère que répéter *Montesquieu* et *Delolme*, j'aime mieux, et je trouve plus court, d'y renvoyer. *Lally-Tollendal*, *Malouet*, *Mounier*, *Cazalès*, et quelques autres orateurs de la constituante, ont aussi, de leur côté, traité la question du gouvernement par deux chambres : ils ont lumineusement démontré la nécessité de scinder la puissance législatrice en deux branches. Subséquemment, la Charte de 1814, et, après elle, celle de 1830, ont consacré cette division, que tous les bons esprits reconnaissent comme indispensable; en outre, ce n'est même pas un point contentieux dans ce moment : passons donc.

Deux grands mobiles se partagent les sociétés, et se combattent avec acharnement dans leur sein, quelle que soit d'ailleurs la forme politique qui les régisse : ces deux mobiles, ce sont l'esprit de la propriété et celui de la non-propriété, incarnés dans la bourgeoisie ou classe moyenne et le prolétarisme. Ecartez tous les sophismes dont on l'a enveloppée, le vrai fond de la querelle est là pour quiconque veut y donner un moment de sérieuse attention et être de bonne foi.

L'aristocratie n'est donc pas réellement aujourd'hui dans les titres et le hasard de la naissance; elle est dans la fortune et dans la possession, de même que la vraie, la pure démocratie est dans la catégorie opposée.

Ce débat, ainsi simplifié, ainsi réduit à ses seuls termes, il est évident que ces deux principes doivent être, et sont en effet, dans une incessante collision; que l'action de l'un étant toute de mouvement, c'est-à-dire d'envahissement, celle de l'autre toute de résistance ou de défense personnelle, accorder tout au premier, qui est le plus fort, et ne rien donner au second, qui est le plus faible, serait d'abord une iniquité, et ensuite la consommation de la destruction de la société. La raison s'alarme à l'idée d'un résultat pareil.

Dans une constitution politique, saine et bien digérée, il faut donc, en regard de la Chambre, expression de l'élément démocratique, une Chambre qui exprime, et surtout défende l'élément aristocratique ou propriétaire : il le faut, cela est de toute nécessité.

Or, cette seconde Chambre, destinée par son institution même à être la gardienne vigilante du privilége ou du droit aristocratique, doit participer de la nature du principe qu'elle représente et dont elle sort; elle ne peut pas être démocrate, la chose est claire. Créée pour le privilége, elle doit être, avant tout, privilégiée. Si elle ne l'est pas, ce n'est plus qu'une institution absurde. Il me semble que c'est évident.

Pour elle, le privilége, c'est l'hérédité.

Mais cette hérédité a elle-même ses conditions indispensables pour être utile. Ces conditions sont celles de l'aristocratie, dont elle est comme *la tête de pont*, c'est-à-dire la *possession* et la *fortune*, ainsi que je l'ai établi plus haut. Je le répète, les titres ne sont rien dans cette affaire, et n'y peuvent rien. Les trois plus anciens barons de France, les sires *de Coucy, de Beaujeu* et *de Bourbon-l'Archambault*, dépouillés des fiefs qui composaient leurs puissantes baronies, ces rivales de la royauté, seraient des *quidams* bien légers dans la balance, à côté du tailleur Staub ou du fabricant Ternaux. Il faut donc une Pairie propriétaire, riche, conséquemment, et non pas une Pairie nominale.

En un mot, et il est bien à désirer que l'opinion publique, tiraillée par les journaux, le comprenne, ce n'est point de *Pairs* qu'il doit s'agir ici, mais de *Pairie*; car ce dont nous avons besoin, c'est elle.

Mais cette Pairie est à trouver. Il faut l'aller chercher dans la propriété, bien entendu la propriété *immuable*, qui comporte seule l'hérédité, parce qu'elle en est la garantie efficace.

Si vous ne pouvez ou ne voulez pas constituer la Pairie sur cette base, supprimez d'un seul coup, et vous ferez bien, vos Pairs héréditaires nominaux et vos *Pairs viagers,* création bouffonne des publicistes du libéralisme.

Des *Pairs viagers!* où diable ont-ils été prendre cette idée!

Mais, diront-ils, il nous faut à toute force une seconde Chambre pour le contrôle indispensable de la première.

Qu'est-ce à dire pour le contrôle? A quoi bon une semblable superfétation? Ce contrôle n'existe-t-il donc pas déjà? L'*opposition*, voilà ce contrôle naturel au sein même de votre première Chambre. Il n'est nul besoin, pour cela, d'en créer une seconde, je vous assure. Est-il rien de plus grotesque que deux Chambres démocratiques se contrôlant l'une par l'autre? En vérité, il faut vivre à cette bienheureuse époque-ci pour entendre parler de choses si belles! Excellent pays de France! que de grands, que d'habiles docteurs tu possèdes! Certainement ce n'est pas merveille que tes affaires soient si bien conduites et aillent si bien!

Croirait-on que dans une matière aussi grave, à propos d'une question de cette importance, nos publicistes du grand et du petit format ne voient qu'une chose qui les obsède et les fascine comme un cauchemar? c'est que l'hérédité de la Pairie met les fils de

Pairs dans la passe de faire de fort bons mariages! Voilà l'horzion de ces messieurs! Quel temps que celui qui court! L'argent et l'envie y sont au fond de toutes les questions : c'est à en mourir de dégoût.

Conclusion. Après quarante années d'essais infructueux, le gouvernement par la Charte est la seule ancre de salut qui reste au pays : c'est à lui de s'y attacher. Mais point de Charte sans Pairie, point de Pairie sans hérédité et propriété : hors de ce cercle, tout ce qu'on dira sera du verbiage, ce qu'on fera nous enfoncera dans le bourbier, et nous y sommes déjà jusqu'au cou.

RÉGNER ET GOUVERNER.

1830.

Je suis un peu de l'argile de ce personnage que Voltaire a si plaisamment introduit dans je ne sais plus lequel des contes, que, par un caprice de son imagination, il lui plaît d'appeler philosophiques, et où l'atticisme de l'esprit déguise la licence, mais ne l'atténue point. C'est dans *Candide*, je crois. Ce singulier personnage, que domine une interrogante manie, va questionnant sans relâche, à droite, à gauche, à tort et à travers, incessamment en quête de la *raison* et du *pourquoi*, et ne vous donnant nul répit que vous ne lui ayez fait justice de l'effet par la cause, ou de l'acception par l'étymologie; manie bizarre et tout ensemble incommode, tant pour ceux qui en sont possédés, que pour ceux qu'elle obsède! J'ai le malheur d'appartenir à la première de ces deux catégories, et, comme jusqu'à cette heure, je n'ai pu, quelque effort que j'aie fait, réussir à me délivrer de ma folie, j'en conclus naturellement que c'est une affaire d'organisation où la volonté n'a rien à voir, et moins encore à faire, et je soupçonne véhémentement certaine proéminence d'être pour beaucoup là-dedans. J'ai, en conséquence, un vif regret à la perte du docteur Gall, car il ne tient pas à la valeur d'un cheveu que je ne sois convaincu de la réalité du système de ce bon Freyburgeois, système, j'en conviens, fort peu orthodoxe, et sentant son matérialiste d'une lieue, mais spécieux, mais attrayant, sinon pour la raison, au moins pour l'imagination et l'esprit.

Sans nul doute, un pareil système a le grave inconvénient, pour un état de sociabilité comme le nôtre, de mettre la conscience un peu trop à l'aise; mais voyez aussi, par contre-coup, comme l'amour-propre y trouve son compte! C'est une vraie compensation. Et, à tout prendre, qui sait s'il n'y a pas profit? Je le répète, j'ai regret pour la science d'abord, pour moi ensuite, que le docteur Gall ne soit plus de ce monde. J'aurais aimé à lui mettre ma tête entre les mains, à l'entendre me déduire les causes qui, dans le principe, durent influer sur la formation de cette saillie osseuse que j'ai l'inappréciable avantage de posséder, et qui a la propriété de déterminer l'ardente soif d'interroger, qui ne me laisse, non plus qu'à *Faust*, ni repos ni trève.

Il est bien vrai que cette manie (puisque décidément c'en est une) n'est un tourment que pour moi-même, et que personne des miens n'a à en subir ni à en redouter les fâcheux effets, car ce n'est d'ordinaire qu'à mon esprit et à ma raison que mes interrogations sont adressées ; et sur l'honneur, croyez-m'en, il y en a parfois de bien singulières, j'oserai même dire, de bien étonnantes ; c'est au point que ma logique, quelque déliée et fertile quelle puisse être, y demeure court. Et n'allez pas croire, oui-dà, qu'il s'agisse ici de questions philosophiques, ou de questions théologiques. Il y a des siècles que j'ai renoncé à celles-ci, n'ayant pu jamais m'en tirer d'une manière qui me satisfît bien, et ayant éprouvé à mes dépens que les faibles et douteuses lumières qu'on en peut faire jaillir dessèchent beaucoup plus qu'elles n'éclairent. Les questions que j'ai pour habitude de me poser, dérivent toutes de l'ordre politique, et c'est, je dois l'avouer, vu qu il faut rendre à César ce qui appartient à César, la polémique libérale (ne souriez pas), qui, presque toujours, me les suggère, par les incertitudes et les doutes dont elle me remplit continuellement.

Entre autres questions, il n'y a pas long-temps que, me promenant sous de frais ombrages, la tête pleine de toutes les belles choses que je venais de lire dans un numéro du *National*, je me demandais ce que c'était que gouverner, et à qui, ici-bas, dans toute société sainement constituée, il appartenait de gouverner ; le dictionnaire auquel préalablement j'avais recouru, m'avait dit que *gouverner*, c'est *régir*, que *régir*, c'est *administrer*, et *qu'ad-*

ministrer, c'est tout ensemble *gouverner et régir*. J'avais trouvé cette définition extrêmement lucide, et fort satisfaisante, pour moi qui n'ai pas pour habitude d'être trop exigeant. Mais quoi! Le *National* avait là-dessus d'autres idées que l'Académie, et cette dissidence me tenait en suspens. J'aurais souhaité de tout mon cœur que quelque *Egérie* sortant inopinément de l'épaisseur du bois, se frayât un chemin à travers les clairières et les charmilles, pour venir m'aider de ses conseils, et prononcer entre MM. les quarante et leurs antagonistes, MM. les quatre du *National*; malheureusement il n'y avait point d'*Egérie* sous la feuillée ou je me tenais, vu que ce n'était pas un bois sacré, mais le bois très profane de Meudon, dans lequel, depuis que je le parcours, il ne m'est pas arrivé une seule fois de me rencontrer face à face, soit au coin d'un carrefour, soit au détour d'une allée, avec un oracle ou la plus mince divinité champêtre; force me fut donc de trouver en moi ces lumières dont j'invoquais le secours. Je fermai les yeux pour mieux réfléchir, je m'enfonçai dans les profondeurs d'une méditation en règle, je prêtai, en arbitre qui veut s'éclairer et prononcer équitablement, l'une et l'autre oreille aux argumens pour et contre; car qui n'entend qu'une cloche, n'entend qu'un son, et je trouvai, enfin, voyez l'admirable illumination! que *gouverner*, c'est tout simplement l'exercice de la puissance suprême, que la puissance suprême est le distinctif attribut de la souveraineté, et que la souveraineté étant le partage exclusif du Roi, dans un état bien réglé, où chaque chose est en son lieu, où les mots ne sont pas insidieusement détournés de leur acception, c'est au Roi seul, ou aux délégués qui le représentent, à gouverner; qu'aucun pouvoir, à moins d'usurpation, ne peut prétendre au partage sur ce point; que quiconque essaie d'établir le contraire fait, sciemment ou non sciemment, du républicanisme, de l'anarchie, et brochant sur le tout, du sophisme, ce qui ne vaut guère mieux, dans un temps où la société est imprégnée de tant d'erreurs dangereuses. Cette définition qui, je le confesse ingénument, me charma par sa simplicité autant que par la petite satisfaction de l'avoir trouvée tout seul, diminua singulièrement la confiance que, jusqu'alors, j'avais eue dans la logique des docteurs du *National*. De là vient que maintenant je ne lis plus cette feuille qu'avec beaucoup de circonspection et de défiance. Que voulez-vous ? mes affections ne sont pas à la république : chacun ses idées et son goût.

J'aime à caresser ma définition, ce qui fait que j'y reviens. Qu'est-ce, en effet, dans l'ordre constitutionnel, qu'une chambre des Députés? Que représente-t-elle ? Le pays. Or le pays ne peut pas gouverner. Sa condition, son objet, sa fin, c'est d'être gouverné; par la même déduction, il n'administre pas ; son lot est d'être administré ; à toute autre condition il n'y aurait pas d'état social possible. Singulier édifice que celui où l'on verrait les fondations en l'air, et les combles en bas !

D'ailleurs, à quoi bon jouer sur les mots, et reculer devant une définition inévitable ? Votre partage du gouvernement et de l'administration, c'est encore la république, toujours la république, dont personne ne veut. Le sort d'un pays est d'être gouverné et administré. Seulement, par le moyen de ses Députés, il est admis à faire connaître à quelles conditions il lui convient de l'être, et à débattre ces conditions. Et remarquez bien qu'il ne lui est même pas donné de les imposer, puisqu'il faut encore qu'elles agréent au pouvoir gouverneur et administrateur, lequel ne s'en est attribué l'initiative que dans cette vue. Non, un pays ne gouverne ni n'administre. Gouverner et administrer est le partage exclusif du pouvoir souverain, et toute prétention contraire à ce principe, n'est qu'un sophisme dangereux qu'il ne faut pas se lasser de signaler et de combattre, quelque forme qu'il emprunte pour se produire, car du moment qu'il se serait établi comme une vérité dans les esprits, nous serions en pleine république.

DES

BAÏONNETTES INTELLIGENTES.

Du jour où il a été déclaré que les hommes réunis en société comptaient au nombre de leurs droits imprescriptibles, celui de résister par la force au pouvoir qui est le lien de toute société; du moment qu'il a été établi que l'insurrection pouvait être un devoir et même le plus saint de tous les devoirs, la conséquence logique de ce principe monstrueux, son corrolaire naturel devait amener l'émancipation de l'agent même du pouvoir, c'est-à-dire de l'armée; de là, la faculté pour celle-ci d'examiner et de délibérer avant que d'agir; de là cet autre axiôme plus dangereux que celui de la résistance populaire, que les *baïonnettes sont intelligentes*, ou, en d'autres termes, qu'elles peuvent raisonner leur obéissance, et même, dans de certains cas, refuser nettement d'obéir.

Si jamais principe dissolvant a été jeté dans le sein des états, c'est celui-ci incontestablement; car le pouvoir, abandonné dans ses actes à l'examen de ceux qu'il a mission de régir et de ceux qui ont pour mission de l'assister dans cette régie, le pouvoir ainsi dépouillé, ainsi réduit n'est plus le pouvoir, mais son vain simulacre. Les conditions auxquelles il peut être n'existent plus. C'est l'anarchie essayant de voiler sa nudité; mais, en réalité, c'est l'anarchie. Non, l'intelligence ne doit point descendre dans les baïonnettes! Tout esprit éclairé et ami de la paix publique comprendra parfaitement que l'armée n'a qu'un devoir, celui de l'obéissance passive; qu'entre le danger de servir d'instrument au despotisme et celui d'appuyer les séditions, le choix, s'il lui était accordé de choisir, ne saurait être douteux. En effet, la liberté ne périt pas tout entière sous le despotisme, elle n'est presque toujours que comprimée par lui. Avec les séditions et l'anarchie qui marche à leur suite, il n'y a aucune liberté possible. Je ne pense pas qu'il faille désespérer à ce point de la raison humaine, qu'il soit nécessaire, après tant d'exemples mémorables fournis par l'histoire, de démontrer que le despotisme est préférable à l'anarchie, et que la tyrannie, puisque tyrannie il y a, n'est pas plus tolérable dans la main d'un seul que dans les mains de plusieurs. Le sens le plus vulgaire et le plus borné suffit à l'appréciation d'une verité aussi évidente, et l'expérience des siècles la corroborre en l'appuyant de son autorité. Or, s'il faut renoncer aux enseignemens des faits, et ne tenir aucun compte des déductions de la logique, il n'y a plus qu'à gémir sur l'aberration des esprits, et à porter le deuil de la raison publique.

Il y a plus que de l'irréflexion et de l'imprudence, il y a une profonde perversité chez les rhéteurs qui ont établi, après le dogme de l'insurrection des masses, celui de l'intelligence des corps armés, et ce beau semblant, à l'aide duquel ils feignent de relever la dignité humaine, ravalée selon eux, par l'obéissance passive, à l'automatie, ce beau semblant n'est qu'une déception dangereuse ; car cette faculté d'examen, qu'ils présentent aux intelligences armées comme un flambeau, n'est qu'une torche, dont l'objet est d'allumer l'incendie.

Les soldats du prétoire, à Rome, étaient des baïonnettes intelligentes, et, en faisant et en défaisant les empereurs, ils usaient, comme bon leur semblait, de cette intelligence dont aujourd'hui on gratifie imprudemment leurs pareils. Les janissaires, lorsqu'ils brûlent Constantinople et déposent le sultan, agissent en vertu de cette même intelligence ; et la milice, aujourd'hui détruite des strélitz, se réglait, dans ses mutineries, sur le même principe. Cependant, qui oserait dire que cette intelligence des baïonnettes ait contribué, en s'exerçant, à la grandeur, et à la prospérité de Rome ? Qui serait tenté d'affirmer que l'empire turc doit beaucoup d'avantages aux révoltes des janissaires ? Demandez aux successeurs des czars où en serait la Russie, si les strélitz *intelligens* existaient encore ?

DE LA PRÉTENDUE USURPATION

DE HUGUES CAPET.

Voila encore un bon et gros mensonge historique, bien invétéré dans les esprits, grâce à l'ignorance ou à la partialité. Je vais essayer d'en faire justice, et de l'envoyer tenir compagnie à tous ceux touchant l'ancien droit public de ce royaume, mis au néant par la série d'articles que j'ai confiés, dans ces derniers temps, à la presse quotidienne.

Il n'est personne, un peu versé dans la connaissance de notre histoire et des formes de cette monarchie, qui ne sache que, sous la race carlienne, la couronne était en même temps héréditaire et élective, c'est-à-dire que le successeur du Roi mort devait bien être du sang royal, mais que le degré était indifférent; en un mot, que l'ordre de primogéniture, consacré depuis sous la troisième race, n'existait pas sous la deuxième.

Il a été également établi, par des preuves inattaquables, que Robert-le-Fort, bien loin de descendre de Witikind, descend de Pepin Heristel, par Childebrand, frère de Charles Martel.

Ainsi donc la troisième race, sortant d'une souche

commune, se confond dans la deuxième race; ou, pour parler plus proprement, il n'y a pas de troisième race.

Ainsi Hugues-Capet étant du sang de Charlemagne par Pepin Heristel, et la couronne étant élective, on ne conçoit pas ce bannal reproche d'usurpation que tant de gens, copistes les uns des autres, lui ont adressé.

J'ajoute ensuite :

Qu'il y a une disposition spéciale de Louis d'Outremer, consignée dans son testament, qui appelle Hugues à la couronne;

Que Hugues n'a ceint cette couronne qu'après la mort du jeune héritier de Lothaire;

Qu'il n'est arrivé au trône que par le choix de la nation, choix exprimé dans le parlement de Compiégne;

Que son seul compétiteur était Charles de Lorraine, oncle du Roi défunt.

Or Charles, ayant fait acte de vassalité envers l'empire et ayant abdiqué sa qualité de Français, était légalement déchu.

Ce qui le prouve, c'est l'exclusion prononcée contre lui par le pays.

En outre, la France haïssait et méprisait tout ensemble Charles de Lorraine, et professait une grande admiration pour les hautes qualités de Hugues.

Est-ce assez, et croit-on encore à cette fable de l'usurpation du chef des Capétiens ? Pour achever de le justifier, disons que Charles de Lorraine mourut du vivant même de Hugues, en 994, et que sa postérité masculine, composée de deux fils, Othon et Louis, ne lui survécut guère de dix ans, son extinction s'étant naturellement consommée en 1004.

Je me résume. La descendance directe de Charlemagne n'ayant pas survécu à la prétendue usurpation de Hugues, le droit de cette postérité, en admettant qu'elle en eût un, s'est éteint du vivant même de celui-ci, point important, et qui suffirait, s'il n'en existait pas d'autres, à légitimer l'occupation des Capétiens aux yeux des rigoristes les plus scrupuleux; à quoi on peut ajouter que le mariage de Philippe-Auguste avec Isabelle de Hainaut, dernier rejeton du sang de Charlemagne, a concentré, dans la maison de Capet, le droit carlovingien au trône, si on peut qualifier de droit une prétention formellement exclue par notre loi salique.

Que ceux qui, pour justifier l'usurpation, s'accrochent à cette branche, sachent qu'elle n'est pas solide.

Hugues-Capet n'a rien usurpé. Je tenais à établir ce point.

BATONS ROMPUS.

1830.

« La Charte ne peut être révisée. » (*Ordonnance du 5 septembre* 1816). Fort bien ! Mais qu'inférer de cette déclaration ? Que la Charte pouvait être révisée, et que, dans la pensée du legislateur, le fait de l'octroi ne constituait pas l'immutabilité de l'objet octroyé ? Quelle conséquence est plus juste ? Et qui a fait la déclaration ci-dessus ? *Le pouvoir constitutionnel investi de l'initiative.* Dans quelle forme ? *Par une simple ordonnance*, et non par une loi solennellement portée par les trois pouvoirs. Remarquez, au contraire, qu'ils ont été écartés du concours à la garantie contre la révision. C'est l'initiative seule qui parle et qui s'engage ; or si, sur une matière aussi grave, et dans des cas dont il est évident qu'elle s'est réservé l'appréciation, l'initiative a le privilége de pouvoir agir isolément, il suit rigousement de là qu'il lui est loisible de revenir sur une détermination de la nature de celle dont il s'agit, surtout lorsqu'elle a (l'initiative) changé de main par le fait d'un nouveau règne. En un mot, elle peut, trouvant bon de réviser en 1830 ce qu'elle déclarait ne pas juger convénient de réviser en 1816, RÉVISER. A Dieu ne plaise qu'il soit dans notre pensée de donner un conseil semblable, d'exprimer un pareil vœu ! Mais, enfin, qui ne le voit ? Cette faculté est tout-à-fait logique.

Le gouvernement représentatif n'est certainement pas le gouvernement de l'unanimité. Ce rare avantage est celui du gouvernement absolu. Si l'unanimité était une condition obligatoire de la première de ces deux formes, la division en trois pouvoirs serait fort inutile. Le gouvernement représentatif est le gouvernement de la *majorité*, non pas seulement pour le travail intérieur de chacune des branches de la puissance législative, car dans ce travail intérieur et personnel, la majorité qui se produit par des boules blanches ou noires, ne s'applique qu'aux cas réguliers qui ressortent de la marche ordinaire des affaires, mais le gouvernement représentatif est le gouvernement de la *majorité des pouvoirs*, lorsqu'une crise nécessite l'emploi de moyens extraordinaires. Par la majorité des pouvoirs, il faut entendre la réunion de deux contre un seul, lorsque ce dernier n'est pas l'initiative, et de cette réunion, déduire la faculté d'emporter la loi, dès qu'il y a perturbation dans l'état, et pour ce cas exclusivement.

CONSEILS.

---

23 juin 1831.

C'est un proverbe bien rebattu, car il y a longtemps qu'il court le monde, que du choc de la discussion jaillit la lumière. Si j'étais homme d'état, j'aimerais volontiers à être contredit; à voir mes actes passer au crible de la censure publique; et je ne serais point de ceux que la contradiction tourmente et désespère. Loin de là, je lui prêterais constamment l'oreille, en exigeant, au préalable, toutefois, qu'elle n'eût dans sa manière de se produire rien d'amer et de passionné, surtout rien de personnel, car la personnalité doit être soigneusement bannie de la controverse qui a pour objet les matières d'administration et de gouvernement; attendu que, sur ce pied, elle ne peut rien produire d'utile, et que le but de toute controverse doit être l'utilité. Sous toutes les formes de gouvernemens, et plus spécialement dans les gouvernemens représentatifs, l'opposition, qui est toujours la minorité, exprime cette contradiction que je viens de définir. Or, la minorité a ses droits, qu'il faut savoir admettre et respecter. Par une équitable compensation, la minorité doit aussi comprendre que la majorité a les siens, d'autant moins contestables, qu'ils pèsent plus fortement dans le plateau de la balance politique. L'opposition donc, au lieu de se colérer parce qu'elle est la minorité, au lieu de chercher à obtenir, par la violence, une prépondérance que l'invincible nature des choses même se refuse à lui accorder, doit, en se renfermant dans les conditions qui lui sont propres, et évitant de se heurter vainement contre la majorité, s'attacher, s'efforcer à devenir la majorité à son tour. Il n'est qu'une voie qui conduise à ce but : c'est la discussion, la justice et la raison. Toutes les clameurs, tous les dépits du monde ne peuvent pas établir dans les esprits, ce principe déraisonnable, qu'il soit logique que le plus grand nombre subisse la loi du plus petit. Prétention trop choquante pour n'être pas écartée. Puis, il est convenable que la minorité ne perde jamais de vue, en faisant de l'opposition, que son rôle, dans l'état, n'est pas de détruire, ni même d'avilir le pouvoir qui sert de sauve-garde et de direction à la société, mais de l'éclairer, de l'améliorer, et que son but est finalement de le conquérir. On aime le nuage qui tempère le feu trop ardent des rayons du soleil ; s'il le voilait toujours, s'il l'obscurcissait sans cesse, au lieu d'un bienfait, ce ne serait plus qu'un fléau.

Voilà un préambule un peu long, pour dire à ceux qui font à tort et à travers de l'opposition, au pouvoir quel qu'il soit, qu'ils ont tort de procéder comme ils font ; que l'exagération violente de leur langage, que les moyens turbulens qu'ils emploient, choquent, scandalisent tout ce qu'il y a d'honnêtes gens en France ; qu'il est grandement temps de s'arrêter dans cette détestable voie, et que le mieux qu'on puisse faire, est de se hâter d'en sortir pour n'y jamais remettre le pied.

Qu'on le sache bien ; il faut, désormais, renoncer à cette opposition colérique, et aux formes presque factieuses, qui ne sait se produire que l'injure et la menace à la bouche, et dont l'effet inévitable, quoique non calculé, j'aime à le croire, est de se résoudre sur nos places publiques, et nos carrefours, dans l'*émeute* anti-sociale, fléau de notre industrie, et honte de notre civilisation métropolitaine. Il faut que l'opposition, si elle a la conscience de ses devoirs et de la noble mission que la raison publique l'appelle à remplir, ait le courage de rompre les indignes entraves où quelques ambitieux et quelques mauvais citoyens s'efforcent de l'engager et de la retenir captive. Qu'elle conçoive donc, cette opposition égarée, que chez une nation grande et éclairée comme la France, la seule attitude digne d'elle, après quarante ans d'agitations et de discordes, et le lendemain d'un bouleversement politique, c'est le calme et la modération.

Les excitations imprudentes de la presse, dans ces

derniers mois, ne pouvaient tarder à porter leurs fruits. Aussi voit-on éclater de toutes parts, et presque simultanément, les émeutes, les rixes sanglantes, les dévastations, l'insubordination et le pillage. Quoi de plus significatif pour qui veut bien prendre la peine de voir et d'entendre? Voilà la doctrine même du régicide remise en honneur. L'opposition, à force de folies, en est venue à ce point déplorable. Et, comme si un tel dévergondage ne suffisait pas, voici venir, en outre, ces arbres funèbres de la liberté dont l'ombrage, comme celui du mancenillier, donne la mort, et dont, naguère, tant de sang et tant de larmes arrosèrent les racines. L'arbre de la liberté, juste ciel! L'emblême affreux d'une époque qu'il faudrait à jamais arracher de la mémoire des hommes; car elle déshonore l'humanité tout entière, et qui souille nos annales d'une tache ineffaçable! Vous qui ne frémissez pas de planter de nouveau ces *Mai* sinistres, quels peuvent être votre pensée, votre but? Faut-il vous apprendre ou vous rappeler que ce symbole n'est point celui de la liberté, qu'il ne le fut jamais; qu'il est celui de la terreur, de la dégradation et de l'esclavage? Je sais que vous allez me répondre que vous ne plantez ces arbres qu'en l'honneur de la révolution de Juillet. Mais quel rapport cette révolution, après tout, pure d'excès, a-t-elle avec eux? Hâtez-vous donc d'abattre cet arbre odieux, sous les rameaux duquel se sont assis *Danton*, *Marat*, *Lebon*, *Car-*

rier, *Robespierre* et *Fouquier-Tinville*; et où ils vinrent si souvent méditer sur leurs exécrables forfaits. Ne vous laissez point dire que c'est un simple emblême du régime nouveau. Ne voyez en lui qu'un signe de terreur et un objet de discordes pour tous les citoyens. Souvenez-vous que sous l'empire on ne plantait point d'arbres surmontés d'aigles ou d'abeilles ; et que la Restauration n'en fit point dresser, même dans le midi, pour avoir occasion de semer les fleurs de lys à leur faîte.

A quel propos ce chant menaçant de la Marseillaise? cette sale Carmagnole? cet abject *Ça ira?* Sommes-nous en république, pour prêcher la croisade contre les rois de l'Europe? Le saint triangle d'acier est-il réinstallé et en permanence sur nos places publiques? Ou bien encore, le réverbère fameux de la Grève a-t-il déjà repris ses fonctions? Car, pour beaucoup d'entre nous, contemporains de 89 et de 93, ces chants funestes signifient tout cela. Sans doute vous ne l'entendez pas ainsi, et vous allez m'objeeter, qu'ayant fait une révolution pour recouvrer la *liberté perdue*, c'est le moins que vous soyez libres de chanter ; et que, pourvu que vous payiez, le pouvoir, nouveau Mazarin, doit s'estimer trop heureux. Soit ; vous avez raison, bien qu'en fait de chansons vous puissiez choisir mieux. Mais puisqu'au fond, dites-vous, ces chants n'expriment rien d'hostile, et que, sous un gouvernement de franche liberté, il doive être loisible à chacun de chanter, même faux, alors je ne vois pas pourquoi les partisans de tous nos gouvernemens déchus n'entonneraient pas, de leur côté, les chants qui leur sont propres.

Rien n'est plus juste, assurément. Mais le souffririez-vous?

LÉON GUIBERT.

FIN.

IMPRIMERIE DE MADAME VEUVE POUSSIN, RUE ET HÔTEL MIGNON, 2.

www.ingramcontent.com/pod-product-compliance
Lightning Source LLC
LaVergne TN
LVHW020312230826
846091LV00006B/2633

* 9 7 8 2 0 1 1 7 7 7 8 8 1 *